ROMANTIC MANGO ISLANDS

로맨틱 망고 아일랜드

이진화 여행사진집

ROMANTIC MANGO ISLANDS

로맨틱 망고 아일랜드

푸른향기
Prunbook Publishing Co.

우연히 본 그리스 풍경사진에 꽂혀 사진을 시작한 스무 살

잡지, 인테리어, 쇼핑몰 등 다양한 사진을 찍다가

웨딩스냅에 전념한 지 6년

일에 묻혀 여행을 모르고 살았던 10년차 포토그래퍼

서른 살이 된 나의 꿈은 다시 여행을 떠나는 것

그곳이 작업실이 되어 사진을 찍는 것

터쿼이즈 블루로 물든 하늘과 바다

달콤하고 시원한 망고주스

살랑거리는 바닷바람

한낮의 꿀잠

바다와 하늘 사이로 펼쳐지는

황홀한 일몰

야자수 뒤로 숨은 달

이 모든 것 사이에 내가 존재한다

비밀스럽게 간직하고픈 나의 로맨틱 망고아일랜드에서

이진화

아름다운 것을 아름답다고

느낄 수 있는 것은 축복이다

| Contents |

prologue | 로맨틱 망고 아일랜드 · 4

01 Boracay | 보라카이 · 8

02 Hongkong | 홍콩 · 62

03 Macau | 마카오 · 118

04 Bangkok | 방콕 · 150

05 Krabi | 끄라비 · 192

06 Da Nang | 다낭 · 220

07 Hoi An | 호이안 · 250

08 Bali | 발리 · 278

01
Boracay

보라카이

졸린 눈을 부비며 새벽 5시 첫버스를 타고

인천공항으로 가는 길

첫 보라카이 여행이 시작되었다

깔리보공항으로 향하는 비행기 안

터쿼이즈 블루로 물들어 있는 하늘과 바다

사이에 내가 있다

ROMANTIC MANGO ISLANDS

버스 타고 1시간

비행기 타고 5시간

다시 버스를 타고 1시간

보트 타고 30분

하늘은 그대로인데

바다는 점점 에메랄드 빛으로 물들어간다

ROMANTIC MANGO ISLANDS

ROMANTIC MANGO ISLANDS

새벽 5시에 출발해

오후 5시에 도착한 보라카이의 바다

눈부신 노을 마중

ROMANTIC MANGO ISLANDS

보라카이의 밤을 준비하는 사람들

해가 지고 난 후 30분

블루 아워Blue Hour

낮도 밤도 아닌 우주의 시간

몸은 숙소로 돌아가 눕고 싶지만

지금은 보라카이의 밤을 즐길 때

야자수 뒤로 숨은 달

달 속의 달

ROMANTIC MANGO ISLANDS

발링하이, 이름처럼 사랑스럽고 달콤한, 나만 알고 싶은 프라이빗 비치

지금 이곳엔 우리만 있다

ROMANTIC MANGO ISLANDS

고요하고 평화롭다
천국이 있다면
이런 곳이 아닐까?

ROMANTIC MANGO ISLANDS

누나들 같이 가. 나랑 놀아줘~

골목에서 볼 수 있는
흔한 풍경들

덥고 습한 날씨에 지쳤을 땐,

아이스크림 가게에 가요

보라카이에서 하늘과 가장 가까운 곳

루호산전망대

눈을 감고 바람의 손길을 느껴봐

푸른색 트라이시클을 타고 머리카락 휘날리며 달려볼까?

바다로 바다로

ROMANTIC MANGO ISLANDS

풍경을 완성하는 건 사람이다

어라, 비가 올 것 같은데?

순식간에 먹구름이 몰려온다

간간이 보이는 파란 하늘

오늘의 양산은 구름

사람들은 바다로 떠나고, 혼자 남았다
야자수 그늘 아래에서 낮잠을 자볼까?

ROMANTIC MANGO ISLANDS

선셋이 시작되는 시간

우리에겐 여행이지만 누군가에겐 일상

그들에게도 바다는 늘 이렇게 아름다울까?

ROMANTIC MANGO ISLANDS

ROMANTIC MANGO ISLANDS

지금은

바다로 떠난 사람들이 돌아오는 시간

내가 그리고 싶었던 건

내가 쓰고 싶었던 건

이게 아니었는데

해 질 무렵의 하늘을 바라보는 시간

블루가 오렌지로 바뀌는 신비를 지켜보는 시간

이대로 멈추고 싶은 시간

ROMANTIC MANGO ISLANDS

눈사람 대신 초록 나무들

반짝이는 산타가 함께하는

보라카이의 썸머 크리스마스

도착했던 시간과 떠나는 시간이 똑같아서,

그때의 햇살이 다시 배웅을 하러 나왔다

02
Hongkong

홍콩

ROMANTIC MANGO ISLANDS

3박4일 먹방여행

홍콩은 살 안 쪄요

살은 내가 쪄요

어느 나라의 도시에 가도

도시는 다 똑같다고들 하지만,

차 안에서도 느껴지는 이 홍콩스러움이란

야경, 쇼핑, 먹거리, 그리고 고층빌딩

홍콩 하면 떠오르는 것들

벌집처럼 생긴 빌딩에서도

사람들은 먹고, 자고, 생활한다

흐린 날씨,

고층빌딩들에 가려 보이지 않는 하늘

이 또한 홍콩의 매력이다

ROMANTIC MANGO ISLANDS

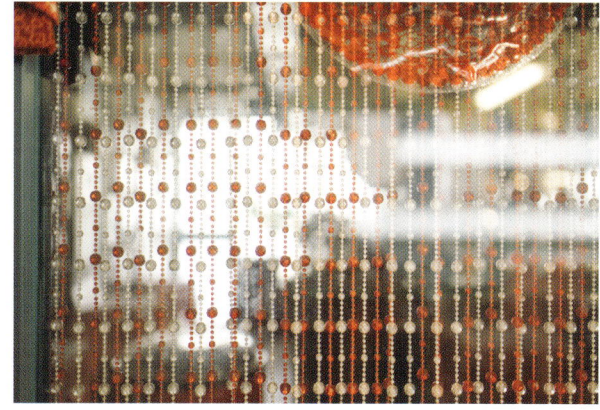

차창을 통해 보는 풍경을 좋아한다

차창 밖으로 스쳐가는 풍경과 지나가는 사람들

그 모든 게 영화 속 장면처럼 보이기 때문이다

지금은 홍콩영화 상영 중

빛이 가득한 도시

그리고 그 빛을 돋보이게 해줄 강이 있다면 사진기를 들지 않을 수 없다

빛이 나 여기 있어, 라고 말하는 느낌이 든다

크루즈를 타고 반짝이는 야경을 보며 밤하늘을 올려다 보았다

야경이 너무 밝아 별을 찾기가 어려웠지만,

자세히 보니 반짝이는 것이 분명히 있었다

별처럼 그렇게, 자세히 보아야 빛나는 존재가 되고 싶다

그들을 처음 보았을 때

영화 '비포 선라이즈'가 떠올랐다

밤이 더 아름다운 도시가 있다

건물마다 켜지는 불빛들과

자동차의 불빛들이 한 데 모여

낮보다 더 환하게 빛난다

홍콩 사람들은 아침밥을 안 한대

식당이 많은 도시이기 때문이지

아침밥을 하고 싶지 않다면,

값싸고 맛있는 아침식사를 하고 싶다면,

홍콩으로 와

홍콩의 먹거리 중에서도 다섯 손가락 안에 꼽을 에그 타르트

몽글몽글, 탱글탱글

보기만 해도 입안에 침이 고이지 않아?

무척이나 홍콩스러운 스타벅스

경주의 한옥 스타벅스와 함께

온 나라의 스타벅스를 한 데 모아놓으면 재미있을 것 같아

사진을 시작하고 난 후로 단 한순간도 사진에 대해 생각하지 않은 적이 없다

잘 맞춰지지 않는 퍼즐처럼

하면 할수록 어렵고, 하면 할수록 더 잘하고 싶어진다

홍콩의 풍경이 삭막하지 않은 것은

커다란 그늘을 만들어주는 가로수들과

아파트 사이로 서 있는

오래된 나무들이 온기를 더해주기 때문일 거야

홍콩 디즈니랜드

국내에서도 가지 않는 놀이공원을 처음으로 오게 되었다

그런데 놀이기구보다 사람 구경이 더 재미있다

좋은 여행사진이란 무엇일까?

랜드마크? 사람들?

사실 무엇을 찍어야 하느냐는 것에는 답이 없다

무엇을 찍고 싶은지를 먼저 생각하자

ROMANTIC MANGO ISLANDS

날아 오르기 위해서는 얼마나 많은 풍선이 필요할까?

ROMANTIC MANGO ISLANDS

ROMANTIC MANGO ISLANDS

이렇게 귀여운 걸 어떻게 먹어?

하면서 귀부터 야금야금 잘라먹는 중

ROMANTIC MANGO ISLANDS

소호거리 곳곳의 소품 샵
아기자기한 즐거움을 찾는 여행자에겐 머스트다

ROMANTIC MANGO ISLANDS

언젠가부터 여행지에서 마그네틱을 하나 둘씩 사 모으기 시작했다

여행지를 추억하기 좋은 작고 가벼운,

그리고 값도 착한 최고의 기념품이다

ROMANTIC MANGO ISLANDS

빨간색 이층버스와 택시가 나란히 나란히

에스컬레이터에도 각각의 속도가 있다는 걸 홍콩에 와서 처음 알았다

귀여운 별모양의 동전

어렸을 때 과자 봉지 안에 들어있던 별사탕 같아

이 많은 사람들은 모두 어디로 가고 있는 걸까?

사람들이 썰물처럼 빠져나간 고요한 시간

텅 빈 의자들

ROMANTIC MANGO ISLANDS

처음엔 친구를 따라 다니는 여행이 좋았다
어디서 무얼하든 그저 즐거웠다

그 후엔 나의 계획대로 움직이는 여행이 좋았다
가보고 싶은 장소를 찾아가는 재미를 알았기 때문이다

이담엔 아무 계획 없이 훌쩍 떠나는 여행을 해보고 싶다
무작정 찾아간 여행지에서 마음 내기는 대로 다니는 자유를 느껴보고 싶다

ROMANTIC MANGO ISLANDS

사소한 불편에 투덜대기보다 불편을 즐길 줄 아는 사람

여행은 어디를 가느냐가 아니라 누구와 함께 가느냐가 중요하다

나의 여행메이트 혜인

사진과 먹을거리를 챙겨주는 자상한 그녀

좋은 친구와 함께하는 여행은 행복이다

비 온 뒤 촉촉한 거리에서

자전거를 타는 아이도

장난감 같은 빨간 택시들도

ROMANTIC MANGO ISLANDS

빨강에 물든 나도

여행지에서는

새롭기만 하다

ROMANTIC MANGO ISLANDS

촉촉한 홍콩의 야경에 취하다

03
Macau

마카오

화려한 도시

마카오의 첫인상

환하게 불 밝힌 건물들과

공작의 날개 같은 조명으로 가득한

마카오의 밤

ROMANTIC MANGO ISLANDS

ROMANTIC MANGO ISLANDS

ROMANTIC MANGO ISLANDS

숨가쁘게 돌아가는 일상 때문에
나는 기다리는 것을 좋아하지 않는다

그런데 가끔
기다린 보람을 느끼게 해주는 것들이 있다
오래 기다려 먹은 완탕국수가 그랬다

스치듯 지나가는 여행이 있고,

쉽게 지나치지 못하는 여행이 있다

사람들 사이를 걷고 또 걸었다

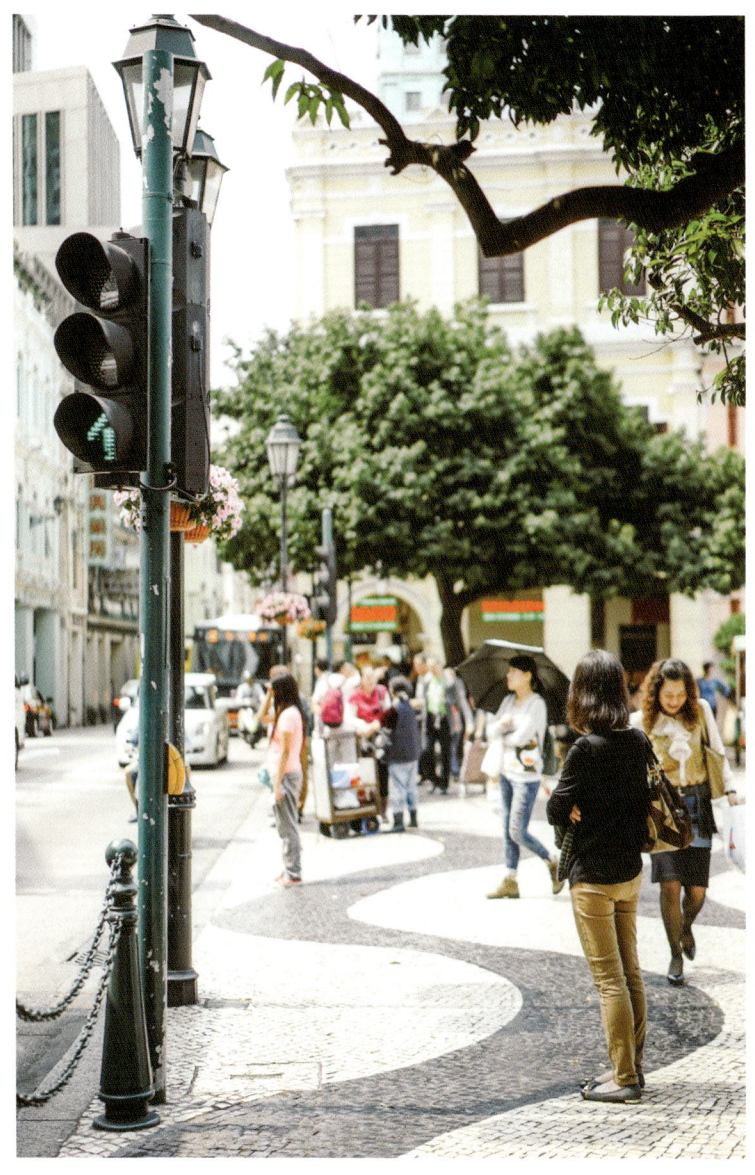

쉬어갈 줄 아는 사람들

무작정 걷다가

들어선 골목길

영화 '중경삼림'의 한 장면 같은

이곳에서

화려한 마카오도

유럽식 마카오도 아닌

새로운 마카오를 만난다

ROMANTIC MANGO ISLANDS

ROMANTIC MANGO ISLANDS

아무 버스나 타고 종점으로 향한다

마카오의 끝에 흑사비치라는 해변이 있다
처음 만난 검은 모래 해변을
맨발로 걸었다

마카오답지 않아서 더 마카오스러운

콜로안 빌리지를 둘러보는 시간은 가장 따뜻한 골든 타임이었다

ROMANTIC MANGO ISLANDS

노을의 시간

세상에서 가장 맛있는 타르트를 먹는 시간

콜로안의 시간은
할머니의 걸음처럼
구부정하고 느리게 흘러간다

때론 외롭게, 때론 자유롭게

홀로 여행을 하는 것은

보이지 않던 것들을 보게 되는 경험이다

04
Bangkok

방콕

방콕 아직 안 가봤어?

사람들은 묻곤 했다

여행을 어느 정도 다니고 나서야 처음으로 방콕에 오게 되었는데

왜 이제야 왔을까 싶었다

길거리에 가득한 알록달록함

쉴 새 없이 돌아가는 눈

ROMANTIC MANGO ISLANDS

다소 비싸더라도 좋은 숙소에 머무르려는 이유를 몰랐다

머무르기 위한 여행도 있다는 걸

이제는 안다

꽃이 동동

빛이 동동

내 마음도 동동

ROMANTIC MANGO ISLANDS

"I LOVE MANGO"

택시를 잡아준 숙소 직원과 몇 마디 나누었을 뿐인데,

외출에서 돌아와보니 예쁜 손글씨 엽서와 망고가 플레이팅 되어 있다

따뜻한 나라 사람들은 마음씨도 따뜻한가보다

유럽의 음식은 짠맛, 단맛 두 가지뿐인데
태국의 음식에선 단맛, 짠맛, 신맛, 매운맛, 감칠맛이 모두 느껴진다

이곳에는 음식 맛처럼 다양한 것들이 공존한다

시원한 아이스 아메리카노 한 잔
모든 나라의 스타벅스를 다 가볼 테야!

ROMANTIC MANGO ISLANDS

"태국으로 여행 가자"

"왜 하필 태국이야?"

친구와 태국에 왔다

"이곳에 다시 안 올 것 같아?"

"50번은 더 오고 싶은 곳이야"

헤롯의 스콘은 꼭 먹어봐야 해요

갓 구워낸 스콘을 먹으면 따끈따끈한 행복을 느끼거든요

하루에 한 번씩 방문했던

마사지계의 베스트플레이스, 디오라마사지

오래 서 있거나 앉아 있는 직업 탓에

마사지 받는 걸 좋아하는 나

그곳은 나에게 휴식의 시간이기도 했다

태국식 에프터눈 티를 먹어봤어요

밥 같기도 하고, 디저트 같기도 한

나에게 있어 사진 찍는 일은 숨 쉬는 일과도 같아

한시도 카메라에서 손을 뗄 수가 없으니

나의 상상 속 방콕은 길게 늘어선 시장에서 팟타이를 먹는 모습이었는데,

모던하고 세련된 쇼핑몰들은 방콕의 또다른 얼굴이었다

태국에 가면 무조건 사오는 쿤나 코코넛 과자

오독오독하고 고소한 것이

자꾸자꾸 손이 가는

ROMANTIC MANGO ISLANDS

방콕은 볼 것도 할 것도 그리 많지 않은 곳이다

그럼에도 불구하고 자꾸만 오고 싶어지는 곳

분주한 일상에서 이따금씩 이곳이 생각나는 이유는

무엇을 보아야 할지, 무얼 먹어야 할지

그때그때 내키는 대로 하면 되기 때문이다

종일 멍 때리며 앉아만 있어도 괜찮은 곳이기 때문이다

이곳에서 살게 되면 어떤 느낌일까 생각하다가
어느새 이곳은 살고 싶은 곳이 된다

ROMANTIC MANGO ISLANDS

카오산로드는 낮보다 밤이 더 매력적인 곳

왠지 일어나 다같이 춤을 춰야 할 것 같지 않아?

카오산로드에 간다면 이곳에 가보세요

저도 모르게 잠들었는데

잠에서 깨어보니 피로가 달아났어요

ROMANTIC MANGO ISLANDS

야경을 바라보며 칵테일 한 잔 어때?

핑크, 노랑, 초록, 파랑

이렇게나 알록달록하고 귀여운 트래픽 잼이라니

없는 거 빼고 다 있다는 짜뚜짝시장

사람도 엄청 많구요

물건도 엄청 싸구요

나는 자꾸만 또 가고 싶구요

좀 더 여유롭게 여행하기 위해 한 곳에서 머문다

숙소로 돌아올 때마다 집에 돌아오는 기분이다

왕실 같은 집에서 나는 공주가 된 것 같다

부담 없이 룸서비스를 시킬 수 있는 나라

여행의 소소한 행복

ROMANTIC MANGO ISLANDS

05
Krabi

끄라비

일을 위해 떠나는 1박2일의 끄라비 여행
새벽부터 공항은 떠나는 사람들로 분주하다

끄라비의 비치에 가려면
수완나품공항에서 비행기를 타고 한 시간,
그 후 차를 타고, 배를 타고,
다시 또 걸어야 한다

배에서 내려 해안가를 따라 걷다 보면

바닷물에 발을 담그고 있는 나무들과 붉은 꽃을 달고 있는 나무들 사이로

아름다운 해변이 펼쳐진다

나무들 사이의 해변을 걷다 보면

고요한 비치를 발견하게 된다

ROMANTIC MANGO ISLANDS

깎아지른 듯한 절벽이 버티고 서 있는

바로 이곳,

라일레이 비치이다

산책하는 사람들

달리는 사람들

사진 찍는 사람들

배를 타는 사람들

한적하던 해변이 다양한 풍경으로 가득 찬다

투명한 블루

하늘을 닮은 바다

ROMANTIC MANGO ISLANDS

두 손을 마주 잡고 서 있으면

너를 향한 마음이 야자나무만큼 커지는 것 같아

ROMANTIC MANGO ISLANDS

순간이 영원으로 기억될 때가 있다
나에겐 *끄라비*가 그렇다
짧지만 강렬하고 따뜻한 순간

짧은 만남이지만 긴 여운이 남는,

그런 사람으로 기억되고 싶다

ROMANTIC MANGO ISLANDS

땡모반(수박주스), 그리고 팟타이. 내가 사랑하는 음식들

ROMANTIC MANGO ISLANDS

발길이 닿는 곳마다

눈길이 닿는 곳마다

꽃이 피었네

석양 무렵의 해변은 연인들로 가득하다

로맨틱 끄라비

로맨틱 아일랜드

혼자여도 외롭지 않아

석양빛이 따뜻한 이곳에서는

ROMANTIC MANGO ISLANDS

불빛이 반짝반짝, 사랑스러운 끄라비의 밤

ROMANTIC MANGO ISLANDS

지상의 불빛을 빠져나와 해변으로 향하면

하늘에서 쏟아져내리는

무수한 별빛

별빛들

06
Da Nang

다낭

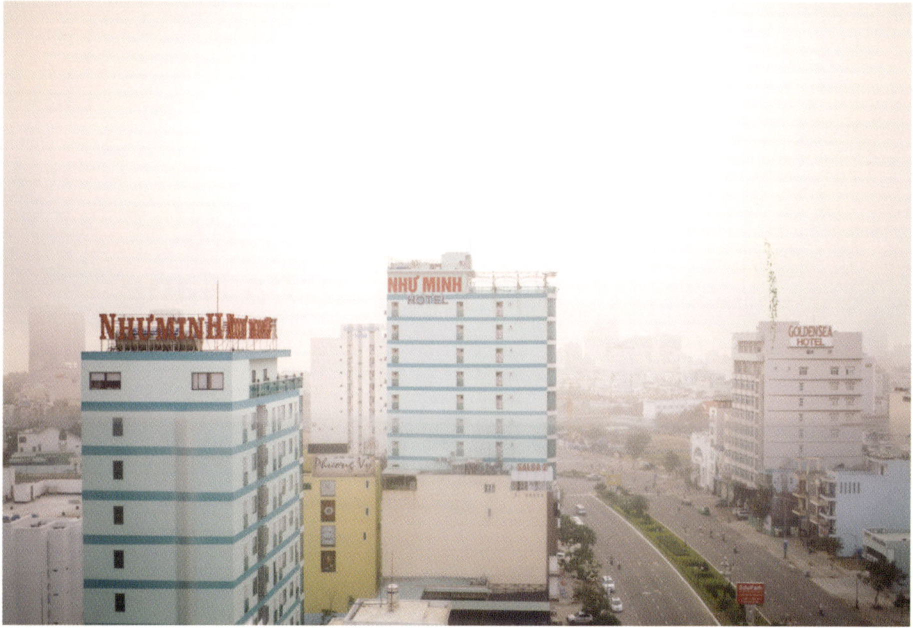
NHƯ MINH
HOTEL
GOLDENSEA
HOTEL

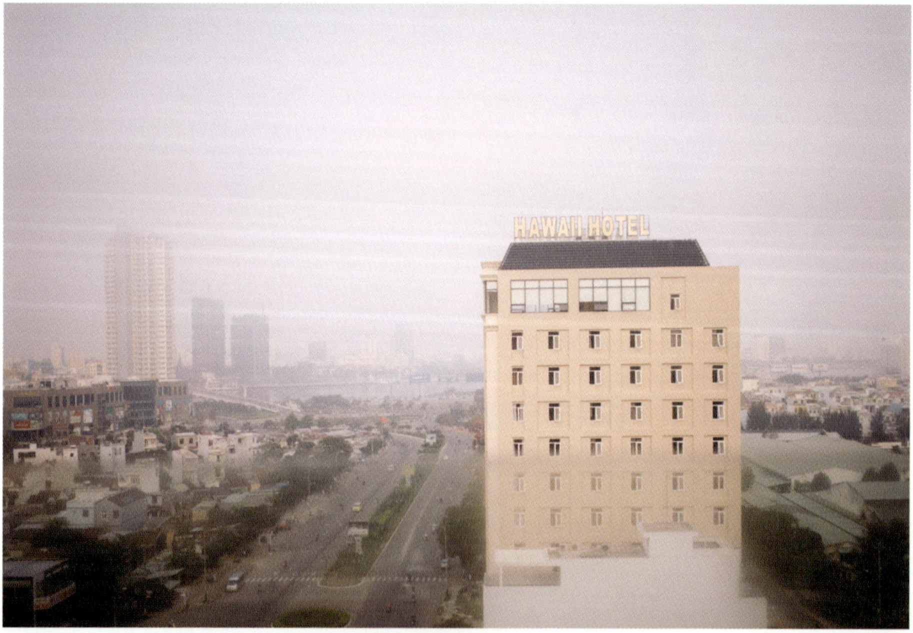
HAWAII HOTEL

핑크빛 옅은 안개가 도시를 감싸고 있던

3월의 다낭

ROMANTIC MANGO ISLANDS

다낭은 서울과 닮은 것이 많다
그 중 가장 닮은 첫 번째는 다낭의 Han-river
물빛까지도 닮은 다낭의 한강을 바라보며
우리는 즐거워했다

한강을 지켜주는 용다리

노란 용, 노란 택시, 노란 오토바이

노랑노랑한 다낭

동화 속에 나올 것 같은 핑크빛 성당

그 앞에 장난감 인형처럼 서볼까?

로맨틱 다낭 대성당

이곳에서라면 사랑의 기도가 이루어질 것 같아

ROMANTIC MANGO ISLANDS

사람 사는 곳은 모두 조금씩 닮은 구석이 있다

닮은 점을 찾거나 다른 점을 찾는 일은 마치 숨은 그림 찾기 같다

다낭과 서울의 닮은 점 찾기 두 번째

다낭의 남대문시장

미꽝1A

맛있는 국수 세 그릇과 맥주 세 잔

5천 원이면 충분해

좋아하지 않았던 것들조차

좋아하게 만드는 것

그것이 바로 여행의 힘이다

ROMANTIC MANGO ISLANDS

파란 하늘

보라 하늘

핑크 하늘

다낭의 하늘이 다 모였다

베트남 전통모자 농을 쓰고
코코넛주스 마시기

ROMANTIC MANGO ISLANDS

핑크로 떠올랐던 다낭의 하루가

미케비치의 야자수를 붉게 물들이며

저물고 있다

ROMANTIC MANGO ISLANDS

다낭과 서울의 닮은 점 찾기 세 번째

색색의 조명으로 빛나는 한강의 야경은

우리 한강의 야경과 많이 닮았다

아쉬운 다낭의 마지막 밤,
다낭 시내가 내려다보이는 근사한 루프탑바에서
우리 만날까요?

07
Hoi An

호이안

일상에 지친 여자 셋

휴식이 필요했고

꽁꽁 언 몸을 녹일 수 있는 따뜻한 곳이었으면 했다

그래서 우리는

이곳에 왔다

우리는 안방같이 포근한 안방비치An Bang Beach에서

많은 이야기와 고민을 나누었다

날이 흐려서 바다가 파랗진 않았지만,

마음속엔 푸른 바다가 펼쳐졌다

ROMANTIC MANGO ISLANDS

초록빛 야자나무로 둘러싸인 한낮의 아늑한 수영장에서도

해 질 무렵 빛이 어둠 속으로 걸어 들어가는

붉고 푸른 오묘한 시간에도

우리는 함께였다

베트남은 채식주의자들의 천국이다

어딜 가나 신선한 채소와 과일이 가득가득

이곳에 있으면 영혼까지 파릇해지는 것 같다

눈과 코와 혀가 즐거워하는 시간
내 인생에서 제일 맛있었던 아침식사

색다른 매력의 도시, 호이안

전통적이면서도 따뜻하고 다양한 색으로 가득하다

베트남의 국민음식 반쎄오

먹을수록 느껴지는 아삭함과 고소함

베트남쌀국수만 먹던 나에게는

신선한 충격이었다

나를 망고 마니아로 바꿔놓은 순도 100% 망고주스

그동안 내가 먹었던 망고주스는 망고주스가 아니었다

ROMANTIC MANGO ISLANDS

햇볕이 따스하게 스며드는

노랑노랑한 오후

닿을 듯 닿지 않을 듯
이 순간을 영원히 붙잡을 수 있다면

빨간 등불, 야자수, 오토바이, 알록달록한 창문과 벽, 베트남모자 농

호이안스러운 것들로 가득한 골목길

호이안 거리의 아오자이 가게를 찾았다

어떤 천을 고를까?

호이안에서의 버킷리스트 첫번째,

베트남 전통의상, 아오자이 맞춰 입기

각각 다른 색으로 맞춰 입으니 베트남 여인들이 따로 없는 걸

호이안의 여자가 되어 살아보는 건 어떨까?

ROMANTIC MANGO ISLANDS

호이안의 버킷리스트 두 번째,

투본강에 소원 등불 띄우기

등불만큼 다채로운 소원들이 강물과 함께 흘러간다

ROMANTIC MANGO ISLANDS

야경이 아름답다는 도시를 많이 가보았지만

그 중 호이안은 가장 아름다운 야경을 가진 곳이었다

모든 불빛이 따뜻했는데,

그것은 그 안에 사랑이 담겨 있어서일 것이다

08
Bali

발리

공항의 오아시스, 라운지

비를 뚫고 오르면 맑고 투명한 하늘이 끝도 없이 펼쳐진다

푸르디푸른 발리의 아침

바다는 언제나 반짝반짝해

ROMANTIC MANGO ISLANDS

바닷바람이 머리카락을 헝클어트리고

더운 몸을 식혀주는 석양 무렵

노을을 바라보고 있으면

가슴이 두근거리기 시작한다

깎아지른 듯한 절벽 위 하얀 레스토랑

마치 푸른 바다 위에 떠 있는 듯

난 분명 발리에 있는데,

그리스 어디쯤에 와 있는 것 같아

뽀삐스 골목에서 만 원 주고 산 원피스를 입고

바다를 향해 카메라를 든다

안녕? 바다

ROMANTIC MANGO ISLANDS

바다를 마주보고 앉아 마시는 화이트와인의 맛이란!

하루 종일 바라보고 있어도 싫증나지 않는 바다

마치 너처럼

ROMANTIC MANGO ISLANDS

하늘과 맞닿아 핑크빛으로 물들어버린 바다

네가 나에게 물들어버리듯

내가 너에게 물들어버리듯

스미냑 빌리지

내가 여행하는 곳이 누군가에게는 일상이다

맛있는 음식을 기다릴 때가 제일 행복해

ROMANTIC MANGO ISLANDS

남들이 가지 않는 길로 가보는 것

무성한 숲길을 헤치고 나아가는 것

낯설고 두렵지만 그 길은 새롭고 흥미진진하다

해를 삼킨 바다는 차츰 어두워지고
바람은 내 뺨을 갈기고
파도는 자꾸만 밀려오고

술에 취하는 건지
바다에 취하는 건지

시시때때로 바뀌는 바다와 하늘의 향연

신이 만든 이 순간은

나를 위한 선물인가요?

이진화 여행사진집

ROMANTIC MANGO ISLANDS

초판 1쇄	2017년 11월 10일
지 은 이	이진화
펴 낸 이	한효정
기　　획	박자연
펴 낸 곳	도서출판 푸른향기
디 자 인	화목
마 케 팅	유인철

출판등록	2004년 9월 16일 제 320-2004-54호
주　　소	서울 영등포구 선유로 43가길 24 거성파스텔 104-1002 / 07210
이 메 일	prunbook@naver.com
전화번호	02-2671-5663
팩　　스	02-2671-5662
홈페이지	prunbook.blog.me	facebook.com/prunbook	instagram.com/prunbook

978-89-6782-067-1 13910
ⓒ 이진화, 2017, Printed in Korea

값 17,500원

이 도서의 국립중앙도서관 출판예정도서목록(CIP)은 서지정보유통지원시스템 홈페이지(http://seoji.nl.go.kr)와
국가자료공동목록시스템(http://www.nl.go.kr/kolisnet)에서 이용하실 수 있습니다.
CIP제어번호 : CIP2017028539